SUCCESSION

De Mᵐᵉ DE LANGLE DE LA BIGOTTIÈRE

VENTE APRÈS DÉCÈS

En son Hôtel à EVREUX, 38, RUE SAINT-LOUIS

BEAU MOBILIER ANCIEN

Du XVIIIᵉ Siècle

OBJETS D'ART

Pastels, Tableaux

DIAMANTS, OBJETS DE VITRINE.

Mᵉ G. GASTINEAU	M. Arthur BLOCHE
Commissaire-Priseur	*Expert près la Cour d'Appel*
2 *bis*, rue EDOUARD-FERRAY	21, boulevard HAUSSMANN
A ÉVREUX	A PARIS

EXPOSITION PUBLIQUE

LES VENDREDI 20 ET SAMEDI 21 MAI 1910

CATALOGUE

DE

Beau Mobilier Ancien

DES

Epoques Louis XIV, Louis XV, Louis XVI et Premier Empire

OBJETS D'ART

Anciennes Porcelaines de Chine montées et non montées

Bronzes, Bijoux, Diamants, Boîtes, Etuis

PASTELS ET TABLEAUX DU XVIIIᵉ SIÈCLE

Gravures avec cadres en bois sculpté

FAIENCES, DENTELLES, ETOFFES, COSTUMES, TAPIS

Livres. Linge. Objets divers

LE TOUT DÉPENDANT DE LA

Succession de Mᵐᵉ DE LANGLE DE LA BIGOTTIÈRE

Et dont la vente aura lieu, par suite de son Décès

EN SON HOTEL, Nᵒ 38, RUE SAINT-LOUIS

A ÉVREUX

Les Dimanche 22, Lundi 23, Mardi 24 MAI 1910
Et jours suivants, à 2 heures très précises

———————

Mᵉ Georges GASTINEAU   M. Arthur BLOCHE
Commissaire-Priseur   *Expert près la Cour d'Appel*
2 bis, rue EDOUARD-FERRAY   21, boulevard HAUSSMANN
A ÉVREUX   **A PARIS**

CHEZ LESQUELS SE TROUVE LE PRESENT CATALOGUE

EXPOSITION PUBLIQUE

Les VENDREDI 20 et SAMEDI 21 MAI 1910

De 10 h. du matin à midi et de 2 h. à 6 h. après midi

CONDITIONS DE LA VENTE

Elle sera faite expressément au comptant.

Les acquéreurs paieront 10 % en sus des enchères.

L'exposition mettant le public à même de se rendre compte de l'état et de la nature des objets, il ne sera admis aucune réclamation une fois l'adjudication prononcée.

En cas de contestation quelconque sur une enchère, l'objet sera immédiatement remis en vente sur la dernière mise à prix non contestée.

A partir du 20 mai, M. Arthur Bloche, expert, sera à la disposition des amateurs pour tous renseignements, à Évreux, hôtel Moderne, rue Chartraine.

ORDRE DES VACATIONS

Le Dimanche 22 Mai. — Gravures, Tableaux, Bronzes, Porcelaines, Meubles anciens, Sièges.

Le Lundi 23 Mai. — Bijoux, Objets de Vitrine, Meubles anciens, Sièges.

Le Mardi 24 Mai. — Dentelles, Etoffes, Costumes, Meubles anciens, Tapis, Boiseries, Sièges

Le Mercredi 25 Mai. — Livres anciens et modernes, Autographes, Boiseries de bibliothèque.

Le Jeudi 26 Mai. — Linge, Literie et Divers.

Le Vendredi 27 Mai. — Mobilier moderne, Objets divers, Linge, etc.

TABLEAUX ANCIENS
PASTELS

BONNEVILLE

1 — *Portrait de Mme de Langle.*

Regarde vers la gauche. Tient un loup de velours noir à la main. Signé au revers et daté **1754**.

BONNEVILLE

2 — *Portrait de M. de Langle.*

En costume de guerre, décoré de l'ordre de Saint-Louis. Inscription au dos.

DESANGLES

3 — *Portrait de gentilhomme.*

Visage souriant et spirituel. Regardant presque de face,
en habit gris clair, brodé, jabot de dentelle débordant
du gilet. Perruque à la poudre.
Pastel ovale. Belle facture. Signé et daté 1781.
Cadre à nœud de ruban et doré du temps.

CHAMPAIGNE (École de Philippe de)

4 — *Portrait d'un personnage à grande perruque.*

En costume noir, large collerette blanche bordée de
Malines.

LARGILLIÈRE (attribué à)

5 — *Portrait de grande dame.*

Elle regarde vers la droite, sa robe de b ocart d'or légère-
ment décolletée garnie de dentelle s'harmonise bien avec
son manteau bleu doublé de rose, sa chevelure haute à
frisures est ornée d'un ruban rose.
Tableau intéressant.
Toile ovale. Cadre en bois sculpté et doré ancien.

VAN DER MEULEN (attribué à)

6 — *Louis XIV à cheval.*

Accompagné de plusieurs cavaliers de sa suite, il donne à
l'un d'eux un ordre.
Cadre bois sculpté et doré ancien.

VESTIER (attribué à)

7 — *Portrait d'une jeune dame de la Cour.*

Tournée vers la gauche, le visage souriant, coiffure haute
à la poudre. Robe bleu pâle à corsage décolleté.
Beau pastel. Faisant pendant au portrait de Desangles n° 3.
Cadre bois doré à nœud de ruban du temps.

ÉCOLE ANCIENNE

8 — *L'adoration des Mages.*

Grand tableau en longueur. Cadre bois sculpté.

ÉCOLE FRANÇAISE

XVIII° SIÈCLE

9 — *Portrait d'un gentilhomme.*

Regarde presque de face et souriant, en habit de velours
rouge brodé d'or, la main droite à demi passée dans son
gilet. Décoré de l'ordre de Saint-Louis.
Cadre bois sculpté et doré ancien.

ECOLE FRANÇAISE

10 — *L'Assomption de la Vierge.*

Peinture sur cuivre. Cadre bois sculpté et doré ancien.

ECOLE FRANÇAISE

11 — *Portrait d'homme.*

> En habit de velours noir, gilet broché avec jabot de dentelle. Décoré de l'ordre de Saint-Louis.
> Pastel.

ECOLE FRANÇAISE

12 — *Saint Jacques et Saint Antoine.*

> Deux gouaches habillées.

ECOLE FRANÇAISE

13 — *Portrait de jeune garçon du XVIIIᵉ siècle.*

> Crayon et pastel.

ECOLE FRANÇAISE

14 — *Portrait de la mère angélique Arnault.*

> Abbesse de Port-Royal.

ECOLE FRANÇAISE

15 — *Portrait d'une chanoinesse.*

> En prière, tenant un bâton épiscopal avec crosse.

ECOLE FRANÇAISE

16 — *Jeune bacchant.*

> La coupe en main, cueillant une grappe de raisin à une
> couronne de vigne qui ceint son front.
> Signé en bas à droite.

ECOLE FRANÇAISE

17 — *Jeune joueur de flûte.*

18 — Divers tableaux.

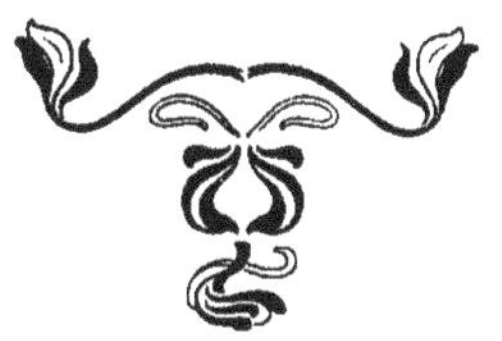

GRAVURES

ALLEGRI (d'après)

19 — *L'amour et Psyché.*

Gravure en noir. Beau cadre bois sculpté et doré ancien.

CORRÈGE (d'après le)

20 — *Léda et Jupiter au milieu des nymphes.*

Gravure en noir. Beau cadre bois sculpté et doré ancien. Pendant de la précédente.

TARDIEU (d'après)

21 — *Portrait de Mgr Pierre de Langle, évêque de Boulogne.*

Gravure en noir.

ECOLES ANCIENNES

22-27 — *Gravures des diverses écoles, encadrées et en feuilles (sera divisé).*

MEUBLES

28-29 — Deux glaces avec cadres en bois sculpté et doré
sur fond bois peint en blanc, XVIIIᵉ siècle.

30 — Grande console en bois peint en blanc, pieds
cannelés, sculptures sur trois faces, dessus bois
peint. Epoque Louis XVI.

31 — Grande glace avec cadre en bois sculpté et
doré sur fond bois peint en blanc, XVIIIᵉ siècle.

32 — Bureau à dos d'âne en palissandre et bois rose
avec tiroirs à l'intérieur, encrier et poudrière dans
celui de droite. Epoque Louis XV.

33 — Lit de milieu en bois peint en blanc, garni
d'étoffe rouge, montants cannelés surmontés de
pommes de pin. Epoque Louis XVI.

34 — Grand et beau lit de milieu d'époque Louis XVI,
en bois finement sculpté et doré de forme cintrée,
dessin à rubans enroulés, sur les plats à suite de

feuillages de laurier, le fond et le devant couronnés par des bouquets de fleurs avec pommes
de pin au-dessus des montants, garni de damas
de soie rouge. Avec son baldaquin en bois sculpté
et doré, dessin à feuilles d'acanthe et fleurs,
offrant au milieu un trophée de flèches et de
roses, garni de ses tentures en damas de soie
rouge.

35 — Coffre en bois sculpté Renaissance, offrant
un médaillon à figure et des ornements.

36 — Grande commode de forme ventrue, en bois
rose et palissandre, à trois rangées de tiroirs,
ornée de bronzes, poignées à têtes de folies,
rocailles et guirlandes, dessus en marbre rouge
veiné gris. Epoque Louis XV.

37 — Secrétaire en bois rose et palissandre ouvrant
à abattant, tiroirs à l'intérieur, à deux portes
dans le bas. Epoque Louis XV.

38 — Ecran en bois sculpté, à rocailles fleuronnées,
garni de brocatille rouge. Epoque Louis XV.

39 — Petite table chiffonnière à trois tiroirs, celui
du haut pour encrier et poudrière, dessus marqueté à fleurs. Epoque Louis XV.

40 — Deux tables à jeux en acajou, dessus à damier. Epoque Louis XVI.

41 — Petite table en palissandre, pieds à contours. Epoque Louis XV, dessin à carrelages.

42 — Table à poudrer en bois d'acajou et palissandre. Epoque Louis XV.

43 — Coffre en bois sculpté, façade à trois panneaux ornés de rosaces et de fleurs. XVIe siècle.

44 — Petite commode à trois rangées de tiroirs en bois rose, palissandre et filets de marqueterie, poignées et entrées de serrures en bronze doré, dessus en marbre. Epoque Louis XVI.

45 — Petit écran à tablette garni de tapisserie au point.

46 — Petit écran garni d'un panneau en tapisserie au point et petit point, médaillon animaux et fond noir à ramages.

47 — Chiffonnier en bois rose, palissandre et marqueterie. Epoque Louis XVI.

48 — Baromètre en bois sculpté et doré. Epoque Louis XVI.

49 — Table à poudrer en bois rose, palissandre et marqueterie. Epoque Louis XVI.

50 — Petite table à jeu, dessus à damier et carrelage de marqueterie. Epoque Louis XVI.

51 — Petite commode bretonne en bois sculpté à figures de chaque côté, devant marqueté. XVIIIᵉ siècle.

52 — Grande commode à trois rangs de tiroirs en bois de violette, richement garnie de bronzes, dessus en marbre. Epoque Louis XIV. (Monogramme F. F aux quatre coins.)

53 — Table à jeu en bois rose et palissandre, dessus à damier. Epoque Louis XVI.

54 — Petite table ovale en bois rose et filets de marqueterie, tablette d'entre-jambe forme rognon, dessus en marbre blanc avec galerie de cuivre. Epoque Louis XVI.

55 — Petit bureau de dame en acajou ouvrant à cylindre, avec tiroirs à l'intérieur et tablettes de prolonge sur les côtés, pieds et montants cannelés, dessus en marbre blanc avec galerie de cuivre. Epoque Louis XVI.

56 Table à tric-trac en bois d'acajou, pieds cannelés.
Epoque Louis XVI. Accompagnée de gobelets en
cuir et de dames en ivoire.

57 Glace avec cadre en bois sculpté et doré sur fond
de bois peint en blanc. XVIIIe siècle.

58-59. — Deux grandes armoires anciennes.

60-69 — Meubles anciens de différentes époques.

70 — Encadrements de panneaux en bois sculpté et
doré à palmiers et fleurs, XVIIIe siècle.

71 — Boiserie de salon, style XVIIIe siècle.

72-74 — Cadres et baguettes en bois sculpté et doré,
XVIIIe siècle.

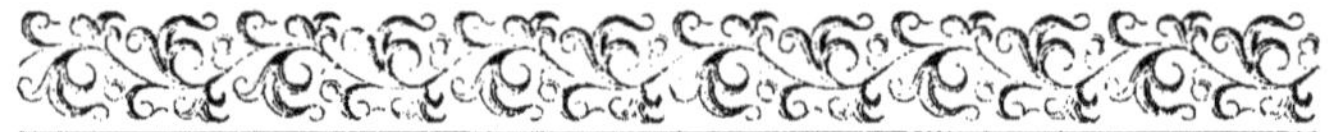

SIÈGES

75 — Ameublement de salon, époque Louis XVI. Composé de cinq fauteuils cannés, deux grands fauteuils et deux fauteuils à dossiers ovales en bois peint en blanc, couverts en velours rouge d'Utrecht.

76 — Fauteuil dossier à médaillon, bois peint en blanc. Epoque Louis XVI, couvert en tapisserie.

77 — Six chaises en bois peint en blanc, couvertes en tapisserie au point, dessin à losanges. Epoque Louis XVI.

78 — Deux canapés en bois peint en blanc avec feuilles d'acanthe aux dossiers et pommes de pin, couverts en cretonne à fleurs. Epoque Louis XVI.

79 — Deux chaises dossiers à médaillons, en bois peint en blanc, foncées de canne. Epoque Louis XVI.

80 — Deux fauteuils carrés, bois tors, couverts en cuir. Louis XIII.

81 — Bois de fauteuil dossier ovale, bois peint en blanc. Epoque Louis XVI.

82 — Deux grands fauteuils en noyer, couverts en tapisserie au point, dessin à grandes fleurs et ramages. Epoque Louis XIII.

83 — Deux chaises à hauts dossiers en bois sculpté et marqueterie, travail hollandais. Louis XIII.

84 — Quatre fauteuils Louis XVI, dossiers à médaillons, en bois peint en blanc, couverts en cretonne à fleurs.

85 — Quatre grands fauteuils en noyer sculpté à contours, époque Louis XV, couverts : deux en brocart jaune à ramages polychrome, deux en soie cerise brochée.

86 — Quatre fauteuils en noyer, forme à contours sculptés, couverts en tapisserie au point. Epoque Louis XV.

87 — Trois fauteuils en bois sculpté à contours forme Louis XV, deux au ton naturel, l'autre laqué, couverts en velours différents.

88 — Deux fauteuils, forme Louis XV, en noyer à contours, couverts en tapisserie fond bleu à ramages.

89 — Fauteuil de bureau en bois peint en blanc, foncé de canne. Epoque Louis XV.

90 — Chaise chauffeuse en bois sculpté, style gothique, couverte en tapisserie à fleurs.

91 — Deux chaises hautes Louis XIII, couvertes en étoffe noire à fleurs.

92 — Chaise chauffeuse en bois noir, couverte en tapisserie.

93 — Canapé et deux fauteuils en bois peint en blanc, époque Louis XVI, couverts en cretonne à fleurs et ramages.

94 — Deux fauteuils Louis XVI, dossiers à médaillons : l'un bois naturel, l'autre peint en blanc, couverts de tapisserie.

95 — Six fauteuils en noyer sculpté dessin à contours, couverts en tapisserie au point à petits dessins. Epoque fin Louis XV.

96 — Trois grands fauteuils et une chaise en noyer, forme Louis XIII, garnis et non couverts.

97 — Deux tabourets forme Louis XIII, couverts en tapisserie au point.

98 — Deux bois de chaises et deux bois de fauteuils peints en blanc rehaussé d'or, dossiers à médaillons, Louis XVI.

99 — Huis bois de bergères peints en blanc relevé d'or, Louis XVI.

100 — Bergère en bois peint en blanc, couverte en velours d'Utrecht, époque Louis XVI.

101 — Tabouret de pied en bois sculpté. Epoque Louis XV.

102 — Fauteuil dossier ovale en bois peint en blanc, pieds cannelés, bandeau avec rosaces. Epoque Louis XVI, garni non couvert.

103 — Fauteuil à dossier ovale en noyer à cannelures, époque Louis XVI. Couvert en tapisserie au point à fleurs sur fond blanc, travail du XIXe siècle.

104 — Sièges de diverses époques.

BRONZES

105 — Paire de chenêts en bronze doré à balustrade
ajourée et guirlandes de laurier époque Louis XVI.

106 — Paire de chenêts en bronze doré, petits chiens
sur rocailles. Epoque Louis XV.

107 — Paire de flambeaux, cassolettes forme vases
en bois au ton naturel et bronze doré, culots à
canaux, pieds à tore de laurier, panses ornées de
guirlandes de fleurs reliées aux anses à têtes de
béliers. couvercles à côtes tournantes feuillagées,
couronnées de flammes, bases quadrangulaires à
angles rentrés sur griffes de lions. XVIIIᵉ siècle.

108 — Jolie console d'applique en bronze ciselé et
doré, dessin à grandes rocailles fleuronnées et
feuillages, au poinçon de *Caffiéri*. Epoque
Louis XV.

109 — Paire de beaux chenêts en bronze ciselé et
doré, offrant des dragons ailés menaçant sur des

consoles à écussons ornées de chutes de feuillages enroulés et posant sur des ornements à feuillages contournés. Epoque Régence.

110 — Garniture de cheminée en bronze patiné et doré, socle marbre rouge, Premier Empire. Pendule à figure allégorique de Muse et deux candélabres à six lumières en forme de lampes romaines.

111 — Pendule à colonne en acajou et bronze doré.

112 — Pendule borne en marbre rouge ornée de bronzes dorés. Premier Empire.

113 — Paire de vases de forme allongée en bronze vert ornés de motifs en bronze doré. Premier Empire.

114 — Paire de flambeaux en bronze doré, cannelés et enguirlandés. Epoque Louis XVI.

115 — Paire de flambeaux en bronze doré à rocailles, Louis XV.

116 — Deux flacons en verre taillé, monture en bronze, style gothique à arceaux et ogives.

117 — Deux cadres en bronze ciselé, doré et argenté,
montants à colonnes plates ornées de feuilles de
chène et de glands surmontées de pommes de pin,
frontons à armoiries, le bas avec médaillons et
nœuds de rubans. Fin du XVIIIe siècle.

118 — Seau en cuivre argenté.

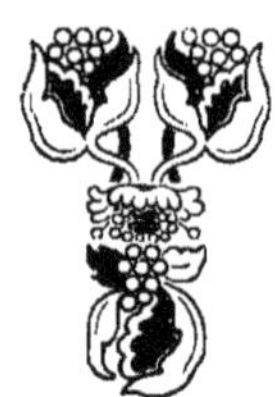

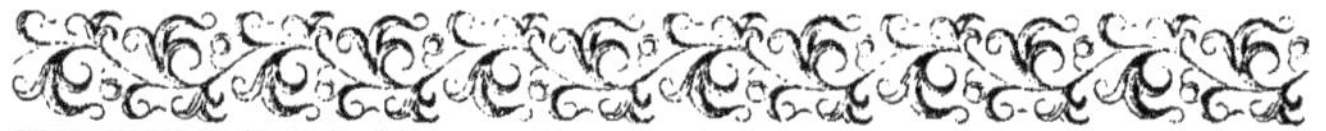

PORCELAINES, FAIENCES

119 — Deux beaux vases avec couvercles en ancienne
porcelaine de Chine, fond capucine avec médaillons à paysages en émaux de couleur sur fond
blanc. Montures en bronze doré, terrassements à
rocailles, bordure des couvercles à rubans sur
doucines cintrées et couronnés de pommes
à grains de fruits enveloppés de feuillages.
XVIIIᵉ siècle.

120 — Deux vases en ancienne porcelaine de Chine
forme hexagonale à pans, décor gros bleu, montures en bronze ciselé et doré avec couvercles ajou-
rés, ornés de guirlandes de lauriers enrubannés
décorant la panse, rattachées aux anses à chutes
de larges feuilles. Epoque Louis XVI.

121 — Deux vases en ancienne porcelaine de Chine
forme hexagonale à pans, décor gros bleu, montures en bronze doré, avec guirlandes de lauriers
suspendus aux anses formées par des têtes de
béliers. Epoque Louis XVI.

122 — Cassolette lenticulaire avec couvercle en ancienne porcelaine de Chine, famille rose, décor

intérieur et extérieur à branchages fleuris, bordure fond noir niellé d'or.

123-124 — Trois bacs en vieux Rouen, décor paysages en bleu, avec supports en bois sculpté.

125-126 — Vingt assiettes en vieux Japon, décor polychrome et or.

127-128 — Trente-cinq assiettes en ancienne porcelaine de l'Inde, décor à fleurs.

129-131 — Suite de quarante-six assiettes en anciennes porcelaines de Chine, du Japon et de l'Inde, à décors variés.

132 — Grand plat de Chine, décor à fleurs.

133 — Trois petits plats en vieux Chine à fleurs.

134 — Trois coupes à fruits en ancienne porcelaine à la Reine, décor à fleurs.

135 — Sucrier ou bol en vieux Saxe, décor à fleurs genre Chinois.

136 — Diverses pièces en vieux Chine et vieux Japon.

137 — Vase avec couvercle en ancienne porcelaine de
Chine décor : objets d'ameublement et lambrequins
en couleur, monture en bronze ciselé et doré à
guirlandes de laurier et anses enveloppées de
feuillages. Epoque Louis XVI.

138 — Théière et deux tasses en ancienne porcelaine
de la Courtille, décor à bouquets de fleurs.

139 — Sucrier lobé en ancienne porcelaine de Saxe,
décor à bouquets de fleurs.

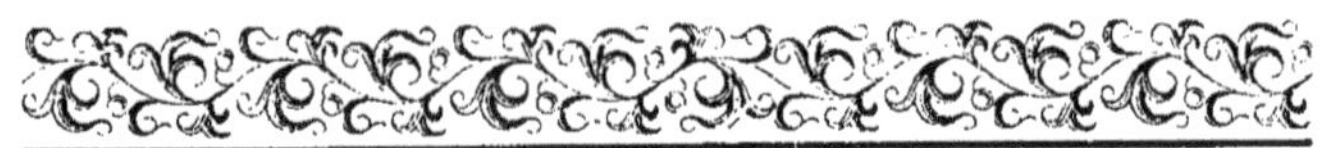

DIAMANTS

BIJOUX ANCIENS ET MODERNES

OBJETS DE VITRINE

140 — Croix composée de onze beaux brillants anciens du Brésil avec bélière ornée de six petits brillants. Monture argent et or.

141 — Broche composée de huit beaux brillants anciens du Brésil, formant rosace. Monture argent et or.

142 — Deux broches forme rosaces composées chacune de six beaux brillants anciens du Brésil. Montures or et argent.

143 — Broche forme ovale avec brillant ancien au centre entouré de huit brillants de différentes grosseurs. Monture or et argent.

144 — Paire de boutons d'oreilles de même modèle composés chacune d'un brillant central et de cinq brillants d'entourage anciens du Brésil.

145 — Broche forme branchage en brillants composée de huit chatons et de trois feuilles. Monture or et argent.

146 — Montre de dame en or à remontoir, boîtier
émaillé bleu avec chiffre et couronne en or et en
relief.

147 — Chaîne Léontine de dame en or modèle corde
avec coulants et clé ornés de lapis.

148 — Collier en améthystes, monture argent.

149 — Jolie boîte à mouches en or ciselé et guilloché,
bordure en or vert, accompagnée de son petit
pinceau. Epoque Louis XVI.

150 — Etui en or ciselé et guilloché, décor à feuillages or vert et perlé. Epoque Louis XVI.

151 — Bonbonnière en or gravé et guilloché de
l'époque Louis XV.

152 — Paire de ciseaux en or, décor à corde or vert.
Epoque Louis XVI.

153 — Porte-plume et porte-mine en or guilloché.
Style Louis XVI.

154 — Broche en argent et agate.

155 — Montre en or à fond guilloché, bordure à feuillages. Epoque Louis XVI. Cadran signé : *Huet, à Paris*.

156 — Montre plate d'homme en or de *Leroy et fils*. Boîtier armorié.

157 — Chaîne de gilet en or, modèle anneaux enlacés, avec clé.

158 — Deux couteaux, manches en nacre montés en or, dont un à lame d'argent avec ses vieux poinçons. Epoque Louis XVI. Etui en galuchat.

159 — Deux couteaux, dont l'un à lame de vermeil, manches en bois laqué vert, monture en or. Epoque Louis XVI. Etui en galuchat.

160 — Jolie garniture de toilette composée de six flacons de formes variées en verre, un étui, deux petites boîtes, un entonnoir, une petite coupe, un tire-boutons, un cure-oreille et un couteau en argent gravé à rocailles, dans un coffre à fond de glace en bois des Iles, gainé étoffe bleu pâle, XVIIIe siècle.

161-165 — Quatre jolies petites clés en fer à anneaux finement ciselé, ajouré, canon de l'une d'elles à saillies ornées, XVIe siècle.

166 — Petite clé de coffret en cuivre doré, XVIIIe siècle.

167 — Huit boutons de corsage, peintures très fines représentant des jeunes femmes en costumes du Directoire ou symbolisant des muses. Monture cuivre.

168 — Boussole ou cadran solaire en cuivre, signée de *Langlois, galeries du Louvre*. Dans son écrin du XVIIe siècle.

169 — Monture de flacon en or de couleur ciselé à fleurs et trophées. Epoque Louis XVI.

170 — Deux clés de montres en or guilloché. Epoque Louis XVI.

171 — Bonbonnière en ivoire offrant sur le couvercle un personnage près d'un monument. Epoque Louis XVI.

172 — Chaine double en or avec coulants boules.

173 — Chaine de cou en or avec croix de Malte en agate.

174 — Nombreux bijoux anciens et modernes, fragments de bijoux en or, argent et ornés de pierres diverses (sera divisé).

175 — Boîtes, bonbonnières, carnet de bal et autres objets de vitrine.

176 — Cachets, face à main, cadres de portraits en or, argent et cuivre.

177 — Petit éventail du Premier Empire en corne ajourée et peinte.

178 — Nombreuses clés de meubles en fer et anciennes.

179-181 — Six éventails anciens peints à la gouache et brodés à paillettes.

182-194 — Dentelles anciennes (sera divisé).

OBJETS DIVERS

ARMES

195 — Portefeuille relié en cuir rouge doré au petit fer aux armes de France, fleurs de lys aux écoinçons. XVIIIe siècle.

196 — Petit support circulaire en bois finement sculpté et doré, décoré de guirlandes de fleurs suspendues à des arcs et reliées à des carquois. Epoque Louis XVI.

197 — Christ en ivoire sur croix en bois. Travail ancien.

198 — Petit portefeuille en mailles d'acier, bords à paillettes. Epoque 1er Empire.

199 — Trois anciens coffrets avec ferrures et clés du temps.

200 — Petit jeu de trictrac en bois noir et ivoire.

201 — Armes anciennes : sabres, pistolets, casques, etc.

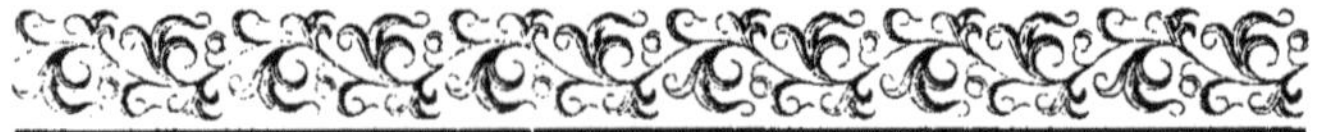

ETOFFES

TENTURES, COSTUMES, TAPIS

202 — Tenture en ancien damas, de soie rouge.

203-213 – Costumes, robes de femme en soierie brochée du XVIIIe siècle.

214 — Tapis ancien de la Petite-Savonnerie fin XVIIIe siècle.

215-221 — Tapis divers anciens.

222 — Objets omis au catalogue.

LIVRES ANCIENS ET MODERNES

AUTOGRAPHIES

Vendus avec l'assistance de M. Guillemare, biblio-
phile, à Évreux, rue de la Petite-Cité, qui enverra sur
demande la notice des livres, etc.

MOBILIER MODERNE

MEUBLES DE SERVICE

Nombreux linge de maison : Services de table, draps,
linge de corps.

Porcelaines, faïences, verrerie, literie

Services de table, garnitures de toilette, quantité
d'objets divers.

Imprimerie R. Bauche, 37, rue Chartraine, Évreux. 73240

www.ingramcontent.com/pod-product-compliance
Ingram Content Group UK Ltd.
Pitfield, Milton Keynes, MK11 3LW, UK
UKHW031724170726
13836UKWH00001B/421